김장하는 날은
우리 동네 **잔칫날!**

1판 1쇄 발행 2016년 11월 30일
1판 14쇄 발행 2025년 11월 24일

글 이규희 **그림** 최정인
펴낸곳 도서출판 그린북
펴낸이 윤상열
기획편집 서영옥 최은영
디자인 디자인쏘굿
마케팅 윤선미
경영관리 김미홍
출판등록 1995년 1월 4일(제10-1086호)
주소 서울 마포구 방울내로11길 23 두영빌딩 3층
전화 02-323-8030~1 **팩스** 02-323-8797
블로그 blog.naver.com/gbook01
이메일 gbook01@naver.com

글 ⓒ 이규희 2016
이 책의 저작권은 저자와 출판사에 있습니다.
서면에 의한 저자와 출판사의 허락 없이 내용의 일부를 인용하거나 발췌하는 것을 금합니다.

ISBN 978-89-5588-327-5 74810
ISBN 978-89-5588-266-0 (세트)

* 파손된 책은 구입하신 곳에서 바꾸어 드립니다.
* 이 도서의 국립중앙도서관 출판예정도서목록(CIP)은 서지정보유통지원시스템 홈페이지(http://seoji.nl.go.kr)와
국가자료공동목록시스템(http://www.nl.go.kr/kolisnet)에서 이용하실 수 있습니다. (CIP제어번호 : CIP2016027226)

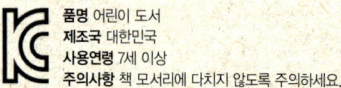

품명 어린이 도서
제조국 대한민국
사용연령 7세 이상
주의사항 책 모서리에 다치지 않도록 주의하세요.

한장한장 우리 문화 그림책

김장하는 날은 우리 동네 잔칫날!

이규희 글 최정인 그림

그린북

차례

가을이에요 • 8

밤나무골로 이사 왔어요 • 11

이웃집에 떡을 돌려요 • 12

배추가 산더미처럼 쌓였어요 • 14

배추를 절여요 • 17

온갖 양념을 준비해요 • 18

별거 별거 다 넣은 김칫소 • 20

김칫소를 배추에 치덕치덕 버무려요 • 23

남쪽 지방 김치는 깊은 맛이 나요 • 24

북쪽 지방 김치 맛은 시원해요 • 26

섬마을 김치에서는 바다 향이 나요 • 28

팔도마다 김치 맛이 달라요 • 31

겉잎으로 잘 감싸요 • 32

김치 산이 되었어요 • 34
이 많은 김장 김치로 다 뭐 해요? • 37
이웃과 나누어 먹어요 • 38
김칫독을 땅속에 묻어요 • 40
김장하는 날은 우리 동네 잔칫날! • 43
우리 집도 김장을 해요 • 45
서로 도와 가며 김장을 해요 • 46
집집마다 김치 맛이 달라요 • 48

겨울이 왔어요 • 50

작가의 말 • 52
우리나라의 김장 문화를 보존해요 • 54
김치 담그는 법을 알아보아요! • 56
각 지역의 독특한 김치를 만나 보아요! • 58

가을이에요

어느새 나무에 단풍이 들고, 온갖 열매가 주렁주렁 열렸어요.
밤나무골에도 가을이 찾아와 단풍이 한창이에요.
이제 조금 있으면 곧 겨울이 올 거예요.
겨울이 오기 전에 산의 나무도, 골짜기의 다람쥐도,
밤나무골의 사람들도 겨울나기 준비를 하지요.

밤나무골로 이사 왔어요

"엄마, 엄마! 아파트보다 여기가 더 좋아요!"
별이는 이사 온 밤나무골이 좋았어요.
쿵쿵쿵 마음껏 뛰어도 되고요,
엄마 아빠랑 뒷산에도 올라가고
차를 타고 조금만 가면 파란 바다도 있어요.
밤나무골은 아빠의 고향이지요.
"멍멍멍!"
다롱이도 좋은지 꼬리를 흔들며 짖어 댔어요.

이웃집에 떡을 돌려요

"별이야, 이 떡 좀 앞집에 갖다 드리고 오련?"
엄마가 김이 모락모락 나는 떡을 접시에 담아 주었어요.
"엄마, 왜요?"
"응, 이사를 오면 이웃 사람들에게 인사를 드리는 거란다."
"아, 그렇구나!"
별이는 떡 접시를 들고 조심조심 앞집으로 갔어요.
"할머니, 노란 대문 집으로 이사 온 별이예요."
"아이고, 이쁜이가 왔구먼! 오냐, 떡 잘 먹을게!"
할머니는 호물호물 웃으며 말했어요.
뒷집, 옆집, 건너편 집 모두모두 떡을 돌릴 때마다
별이를 반갑게 맞아 주었어요.

이사를 하면 왜 빨간 시루떡을 돌려요?
우리 조상들은 대대로 붉은색을 띤 음식이나 물건이 잡귀와 액운을 막아 준다고 믿었어요. 그래서 이사를 오면 붉은색의 팥을 넣은 시루떡이나 팥죽을 만들어 주변 이웃들과 나눠 먹었어요. 새로 이사한 집에서 편안하고 행복하게 살기를 바라면서 말이에요. 요즘도 이사를 하면 이웃에게 떡을 돌리기도 하지만 그렇게 하는 경우는 좀 드물답니다.

배추가 산더미처럼 쌓였어요

김장은 언제 할까요?
예로부터 기온이 영하로 떨어지기 전인 11월 말에서 12월 초인 입동 전후를 김장하기 제일 좋은 시기로 여겼어요. 날씨가 따뜻하면 김치가 쉽게 쉬어 버리고 날이 아주 추우면 채소가 얼어 버리거든요. 하지만 지역별로 기온에 차이가 나서 날이 더 추운 북쪽 지역은 10월에 김장을 하기도 한답니다.

학교에 다녀오던 별이는 눈이 휘둥그레졌어요.
마을 회관 앞에 배추가 산더미처럼 쌓여 있었거든요.
"우아, 배추가 산처럼 높아!"
"호호, 내일 마을 회관 김장하는 날이란다."
배추를 나르던 뒷집 꽃분이 아줌마가 알려 주었어요.
"이렇게 많이요?"
별이는 깜짝 놀라 소리쳤어요.
"그럼, 잔치가 있을 때마다 온 마을 사람들이 다 먹을 거니까."
배추를 살피던 이쁘 할머니가 말했어요.

으쌰!

김장에 내가 빠지면 안 되지.

 **배추를 절여요**

① 물과 소금을 섞어 소금물을 만들어요.

② 지저분한 배추의 겉잎을 떼어 내고, 밑동을 자른 뒤 2등분이나 4등분으로 갈라요.

③ 배추를 소금물에 담그고, 그 위에 소금을 약간 더 뿌려 두어요.

④ 절여진 배추는 찬물에 서너 번 정도 씻은 뒤 채반에 받쳐서 물기를 빼요.

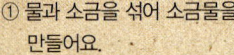 잘 절여졌군!

 너무 짜지 않게, 너무 싱겁지 않게!

중간중간 배추를 뒤집어 줘야 잘 절여지지!

배추를 절여요

밤나무골로 이사 와 처음 김장을 하게 된 엄마 아빠는 잔뜩 들떴어요.
마을 회관에는 벌써 여러 사람이 모여 있었어요.
"아이고, 속이 노랗고 꽉 찬 게 배추가 아주 실하구먼."
이삐 할머니가 쌓아 놓은 배추와 무를 보며 흐뭇해했어요.
아줌마들이 둥그렇게 둘러앉아 배추를 툭툭 네 쪽으로 자르기 시작했어요.
아저씨들은 자른 배추를 소금물이 든 커다란 대야에 차곡차곡 담갔어요.
"엄마, 배추를 왜 소금물에 담그는 거예요?"
"응, 그래야 숨이 죽고 아삭아삭 맛있는 김치가 되거든."
엄마는 배추 위에 소금을 살살 뿌리며 말했어요.

젊은 양반이 채를 잘 써는구먼!

온갖 양념을 준비해요

다음 날은 어제보다 마을 회관이 더 북적거렸어요.

소금에 절인 배추를 깨끗이 씻어서 양념에 버무리는 날이래요.

마을의 남자 어른들이 나서서 팔을 둥둥 걷어붙이고 배추를 씻어서

대나무 소쿠리에 척척 쌓았어요. 뻣뻣하던 배추는 밤새 숨이 팍 죽었어요.

"호호, 간이 딱 맞게 절여졌구먼!"

호호 아줌마가 배춧잎 한 장을 뚝 떼어 입에 넣고 아삭아삭 씹었어요.

"이제 김칫소를 만들어야지."

모두 둥그렇게 둘러앉아 마늘이며 파, 쪽파, 미나리, 생강, 청각 들을

다듬었어요. 무도 가늘게 채를 썰고요.

곱게 빻은 빨간 고춧가루랑 멸치젓, 새우젓도 보였어요.

그때 뒷집 수철이가 통에 담긴 새우젓을 보며 소리쳤어요.

"우헤헤, 꼬마 새우다! 눈도 달려 있어!"

"이건 유월에 잡아서 삭힌 육젓이라 아주 맛있단다."

뽀글뽀글 아줌마는 새우 한 개를 입에 쏙 넣으며

입맛을 다셨어요.

소금
소금은 배추의 숨을 죽이고,
간을 맞추는 재료예요.
김치의 아삭아삭 씹히는
맛을 만들어 주어요.

육젓이 뭐예요?

새우 또는 멸치 등의 해산물을 소금에 절여 발효시킨 것을 젓갈이라고 해요. 따뜻한 지방일수록 짜게 먹는데, 짠맛이 강한 젓갈은 특히 남쪽 지방에서 발달했어요. 젓갈 그대로 반찬으로 먹기도 하지만 김치를 만들 때 넣어 음식의 맛을 내는 조미료로 더 많이 쓰여요. 가장 흔한 젓갈로는 새우젓, 조기젓, 황석어젓, 멸치젓 등이 있는데, 육젓은 한여름인 음력 유월에 잡은 새우를 삭혀 만든 젓갈이에요.

별거 별거 다 넣은 김칫소

"자, 이제 김칫소를 만듭시다!"

이쁘 할머니가 커다란 양푼에다 무채, 고춧가루, 다진 마늘과 생강, 새우젓, 매실액, 간 배, 찹쌀 풀을 넣고 휘휘 저으며 김칫소를 만들기 시작했어요.

워낙 많은 재료가 들어가서인지 김칫소를 섞는 게 무척 힘들었어요.

"제가 할게요."

아빠가 팔을 걷어붙이고 선뜻 나섰어요.

아빠는 온갖 재료가 들어간 김칫소를 이리저리 고루고루 섞었어요.

그러자 어느 틈에 빨간 김칫소가 만들어졌어요.

"우아, 정말 맵겠다!"

별이는 보기만 해도 입안이 얼얼한 기분이 들었어요.

그런데 어른들은 너도나도 김칫소를 집어서는 간을 봤어요.

"아이고, 이거 하나만 가지고도 밥 열 그릇은 먹겠네!"

어른들은 입맛을 쩝쩝 다셨어요.

> **왜 김장을 했나요?**
> 요즘에는 겨울철에도 여러 가지 채소를 쉽게 구할 수 있지만 예전에는 추운 겨울에는 채소를 쉽게 구할 수가 없었어요. 그래서 가을에 겨울 동안 먹을 김치를 담갔어요. 이렇게 한꺼번에 김치를 많이 담그는 것을 김장이라고 하지요. 역사 기록에 따르면 김장은 고려 시대부터 시작된 것으로 알려져 있답니다.

배추에 김칫소 버무리기

① 배춧잎 사이마다 김칫소를 차곡차곡 넣어요.

② 줄기 쪽에는 많이, 잎 쪽에는 조금씩 넣어요.

③ 잎 사이사이에 김칫소를 모두 버무리면 김칫소가 빠지지 않도록 가장 바깥쪽 잎으로 배추를 예쁘게 감싸요.

김칫소를 배추에 치덕치덕 버무려요

"자, 이제 절인 배추에다 김칫소를 버무리기만 하면 되겠다!"

모두 김칫소가 든 양푼 옆으로 하나둘 모여 앉았어요.

"나도 할래!"

구경을 하던 별이와 밤나무골 아이들도 미리 준비한 앞치마와 머릿수건을 두르고 어른들 옆에 앉았어요.

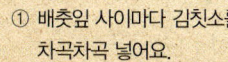

"그래, 지금부터 잘 배워 놔야 너희도 커서 김장을 담그지!"

이장 할아버지가 얼굴 가득 함박웃음을 지었어요.

"그럼 이제 김장을 시작해 볼까요?"

사람들은 둥그렇게 둘러앉아 배추를 버무리기 시작했어요.

빨갛고 매콤하고 짭짤한 김칫소를 잘 절여진 배추 줄기 사이사이에다 치덕치덕 바르는 거예요.

"헤헤, 재미있다!"

아이들은 고사리손으로 배추 사이사이에다 김칫소를 쓱쓱 발랐어요.

남쪽 지방 김치는 깊은 맛이 나요

전라도, 경상도 등 남쪽 지방 김치
전라도는 맛의 고장답게 풍부한 재료와 다양한 젓갈과 고추 양념을 많이 사용하여 김치를 만들어요. 간이 세고 깊은 감칠맛이 나는 것이 특징이에요. 경상도 김치도 짭짜름하고 마늘과 젓갈을 많이 쓰는 편이에요. 대표적인 전라도 김치로는 '고들빼기김치', '갓김치', '나주동치미' 등이, 경상도 김치로는 '부추김치', '우엉김치' 등이 있답니다.

"아따, 우리 마을 김장을 하는데 내가 빠지면 안 되지라, 호호!"

나들이를 갔던 호호 아줌마가 시끄럽게 떠들며 마을 회관으로 들어섰어요.

말을 할 때마다 하도 호호 웃어서 붙은 별명이에요.

"그란데 뭔 김칫소가 이리 맹맹하다요? 내 이럴 줄 알고 우리 고향 목포에서 가져온 멜치 젓갈을 좀 가져왔소, 호호. 김칫소에다 이놈을 넣으면 색이 좀 꺼멓고 짭짤하긴 해도 김치가 겁나게 깊은 맛이 난당게."

호호 아줌마는 작은 양푼에다 김칫소를 덜어서는 거기에 가지고 온 멸치 젓갈을 듬뿍 넣어 다시 잘 섞었어요.

"잘 익은 다음에 드셔 보쇼잉! 입에 쩝쩝 달라붙는 게 아주 겁나게 맛이 있을 테니 말이요, 호호!"

호호 아줌마는 다시 버무린 김칫소를 하얀 배춧잎 사이사이에 치덕치덕 발랐어요.

북쪽 지방 김치 맛은 시원해요

"혹시 올해도 백김치 담그나? 고향 평안도에서 어머니가 담가 주시던 게 떠오르네."
마을 회관 앞에서 장기를 두던 유리 할아버지가 안으로 불쑥 들어와 물었어요.
"그럼요, 젓갈 대신 황태 대가리를 푹푹 삶아서 국물로 쓰고, 채 썬 밤이랑 대추도 넣고 맛깔나게 담가 드릴게요!"
이뻬 할머니가 다정하게 말했어요. 그러고는 마늘과 생강, 파, 실고추와 표고버섯과 석이버섯을 채 쳐서, 절인 배추 사이사이에 넣고는

> **평안도, 황해도 등 북쪽 지방 김치**
> 평안도, 황해도 김치는 큼직하고 푸짐한 것이 특징이에요. 추운 날씨 때문에 고춧가루를 많이 넣지 않고 김치의 간을 심심하게 해서 남도 지방 김치보다 싱거워요. 또한 국물을 넉넉하게 부어 만들어서 맛이 시원해요. 평안도의 대표적인 김치로는 '백김치', '동치미' 등이, 황해도 김치로는 '보쌈김치', '호박김치' 등이 있어요. 특히 동치미 국물은 냉면 육수로도 많이 쓰이지요.

항아리에다 꼭꼭 눌러 담았어요.

하얀 배춧잎 사이사이로 빨강, 초록 꽃이 핀 듯 예뻤어요.

"옳지, 국물이 시원하려면 배도 갈아 넣어야지!"

이뻬 할머니는 강판에다 쓱싹쓱싹 배를 갈았어요. 그런 다음 황태 대가리를 고아서 만든 국물에다 간 배와 설탕, 소금을 넣고 휘휘 저으며 간을 맞춘 다음 조심조심 항아리에 부었어요.

"시원한 백김치에 냉면을 말아 먹으면 고저 제일이지!"

유리 할아버지도 덩달아 입맛을 다셨어요.

"백김치도 좋지만 평안도나 황해도 김치는 고저 명태를 넣고 담가야 맛있지비!"

이북이 고향인 순돌이 할머니가 나서서 말했어요.

섬마을 김치에서는 바다 향이 나요

"저는 제주도 전복김치 한번 담가 볼게요. 제주도에서 5년이나 살다 왔거든요."
유리 엄마가 웃으며 말했어요.
"허허, 전복김치라고요?"
"네, 데친 전복에 무와 배, 쪽파, 유자 껍질, 고춧가루를 넣고 버무려 만든 김치예요. 잘 익은 뒤에 먹으면 쫄깃한 전복과 새콤달콤한 유자 덕분에 아주 상큼한 맛이 난답니다."
"그거 듣기만 해도 입안에 침이 고이네요."
사람들은 입맛을 다셨어요.
유리 엄마는 미리 준비해 온 전복과 유자를 넣고 김치를 담갔어요.
'전복김치는 어떤 맛일까?'
별이는 전복김치 맛이 궁금했어요.

김치에 전복을 넣는다고?

제주도 김치

제주도 김치는 만드는 방법이 간단하고 양념을 적게 넣어서 식재료 본연의 맛을 살리는 게 특징이에요. 또한 전복과 같은 해산물을 넣어 만든 김치가 발달했어요. 한겨울에도 날씨가 따뜻해서 한꺼번에 김장을 담그기보다는 조금씩 담그는 편이지요. 제주도 김치로는 감귤로 새콤달콤한 맛을 낸 '귤물김치'와 해초와 전복을 듬뿍 넣은 '전복김치'가 별미랍니다.

팔도마다 김치 맛이 달라요

"예부터 전국 팔도마다 김치 맛이 다 달랐지. 각각 그 지방에서
나는 특산물을 넣고 김치를 담갔으니까."
밤나무골에서 제일 요리를 잘하는 키다리 할머니가 슬며시 나섰어요.
"황해도에선 호박김치를 담가 먹었다네. 늙은 호박을 나박나박 썰어서
절인 다음에 무청이랑 새우젓, 고춧가루, 다진 마늘과 생강 등
갖은 양념과 함께 버무리면 끝이라네."
"아따, 호박이 물컹거려서 무슨 맛이 있을랑가?"
호호 아줌마가 고개를 갸우뚱했어요.
"그런 소리 말게. 호박김치에 된장을 약간 풀어 찌개를 끓이면 맛이 좋다네."
키다리 할머니는 그 밖에도 생태를 툭툭 잘라 넣거나 물 좋은 오징어를
송송 썰어 김칫소에 버무린 강원도 김치에 대해서도 이야기해 주었어요.
따뜻한 지방인 경상도에서는 마늘이랑 고춧가루, 멸치젓을 팍팍 넣어
맛이 얼얼하고 짜게 담근다는 것도요.
"그뿐인가? 가자미나 생태, 대구를 넣고 만든 함경도 김치도 있고,
무채, 갓, 미나리, 실파, 불린 표고버섯과 석이버섯, 밤, 대추, 실고추,
잣이며 굴이랑 낙지를 김칫소에 넣고 버무려 배춧잎으로 싼 황해도
보쌈김치도 있지! 울릉도 명이김치도 있고!"
키다리 할머니는 요리 박사답게 각 지방의 김치를 여럿 알려 주었어요.

겉잎으로 잘 감싸요

"허허! 이야기는 나중에 하고 어서들 김칫소를 넣으시구려!"
이장 할아버지가 웃으며 재촉했어요.
"호호, 알겠습니다!"
아줌마들은 활짝 웃으며 김칫소가 든 양푼 앞에 앉았어요.
그러고는 절인 배추 포기 사이사이에 김칫소를 치덕치덕 발라 옆에다
척척 쌓았어요. 하얀 배추에 빨간 김칫소를 넣자 마침내 먹음직스러운
김장 김치가 되었어요. 손이 빠른 꽃분이 아줌마 옆에는 어느 틈에
김치가 잔뜩 쌓였어요.

"헤헤, 우리 엄마가 꼴등이네!"
별이는 손이 더딘 엄마를 보며
웃었어요. 엄마 옆에는 김치가
조금밖에 없었거든요.

요렇게요?

잘 버무린 배추김치는 겉잎으로 돌아가지 않게 잘 감싸 줘야 해.

김치는 우리나라의 대표 음식이에요

김치는 한식을 대표하는 음식이에요. 김치가 반찬에 불과한데도 이처럼 널리 알려진 이유는 무엇일까요? 바로 김치는 오래도록 신선함을 유지하고 영양소 파괴도 적기 때문이에요. 사람들은 오래전부터 겨울에도 음식을 저장해 놓고 먹을 수 있는 방법을 끊임없이 고민했어요. 주로 쓰인 방법이 소금에 절이거나 말려서 보관하는 방법이었어요. 그런데 이럴 경우 아무래도 영양이 많이 파괴되고 맛도 없었어요. 하지만 김치는 달랐지요. 이처럼 김치는 우리 조상들의 지혜가 담겨 있는 우리의 자랑스러운 음식이랍니다.

김치 산이 되었어요

어느 틈에 마을 회관에는 버무린 김치가 엄청나게 쌓였어요.

"으악, 김치 산이 생겼다!"

별이는 꽥 소리를 질렀어요.

이렇게 산더미처럼 많은 김치는 처음 봤거든요.

"하하, 우리 별이 키보다 더 높이 쌓였는걸!"

아빠도 신기한지 쌓인 김치를 보고 또 보았어요.

후유, 이제야 끝났네!

배추김치는 왜 안쪽 면을 위로 향하게 두고 보관하나요?

배추김치는 배춧잎 사이사이에 김칫소를 넣어요. 잎 켜켜이 들어간 김칫소가 배추와 어우러져 익으면서 맛있는 김치가 되지요. 이때 배추의 안쪽 면을 아래로 향하게 두면 힘들여 잎 사이에 넣은 양념과 수분이 밑으로 빠지기 쉽답니다. 이것을 막기 위해 배추김치는 한 포기 한 포기 안쪽 면을 위로 가게 해서 김치 통이나 김칫독에 넣어 보관하지요.

이 김치 속에 우리 뽀미가 버무린 것도 있다네!

김치 산이 내 키보다 커요!

이 많은 김장 김치로 다 뭐 해요?

"근데 할머니, 이렇게 많은 김치를 어떻게 다 먹어요?"
별이는 고개를 갸우뚱하고 물었어요.
"호호, 어떻게 먹긴! 내년 김장할 때까지 일 년 열두 달 내내 마을 사람들이 모일 때마다 보글보글 끓여 먹고, 자글자글 볶아 먹고, 지글지글 부쳐 먹고, 자박자박 지져 먹지! 그렇게 먹다 보면 봄이 오기 전에 김칫독이 다 비는걸!"
이뻬 할머니가 노래하듯 말했어요.

김치찌개
김치전
김치찜
김치만두
김치덮밥
두부김치
김치콩나물국

이웃과 나누어 먹어요

"아이고, 이제야 다 끝났네요!"
수북하던 김칫소도, 절인 배추도 마침내 다 떨어졌어요.
"여기다 김치 좀 담아 주세요!"
이장 할아버지가 커다란 비닐 봉투와 상자를 들고 나와 말했어요.
"그걸 어디다 쓰시려고요?"
엄마가 궁금하다는 듯 물었어요.
"허허, 우리 밤나무골에서 담근 김장 김치는 늘 어려운 사람들과
나눠 먹는다우. 근처 양로원에도 보내고, 고아원에도 보내고,
혼자 사시는 노인들께도 좀 드리고요."
이장 할아버지는 꼭꼭 싼 김치
상자를 차에 실었어요.

김장 김치를 이렇게 나눔 이야기가 있었구나!

김칫독을 땅속에 묻어요

"아이고, 김장을 다 했으니 이젠 우리가 김칫독을 묻을 차례네!"
힘이 센 동네 아저씨들이 나서서 마당 한쪽에 김칫독을 묻을 구덩이를 팠어요.
영차영차! 으라차차! 으쌰으쌰!
작년에 김칫독을 묻었던 자리라 구덩이는 쉽게 파졌어요.
"자, 모두들 조심조심!"
어느새 열 개도 넘는 큰 항아리들을 땅에 묻었어요.
"엄마, 왜 김치를 땅에 묻는 거예요?"
"응, 땅속이 일정한 온도를 유지해서 한겨울에도 김치가 얼지 않고 맛있게 익기 때문이란다."
엄마가 별이를 보며 대답했어요.
"김치야! 맛있게 익으렴, 알았지?"
별이가 조그맣게 속삭였어요.

전통적인 김치 보관법
예로부터 김장 김치는 장독에 넣고, 서늘한 땅속에 묻어 보관했어요. 땅속에 김칫독을 묻으면 일정한 땅속 온도 덕분에 김치의 신선도를 유지할 수 있었거든요. 묻어 둔 김칫독 위로 움막을 지어 놓기도 했어요. 또한 집 안에 우물이 있는 경우에는 김치를 작은 항아리에 담아 우물에 보관하기도 했어요. 여름에는 시원한 냇가에 보관하기도 했답니다.

김장하는 날은 우리 동네 잔칫날!

"우아!"

김칫독을 묻는 사이에 어디선가 맛있는 냄새가 솔솔 풍겨 왔어요.

어느 틈에 상에는 삶은 돼지고기와 갓 담은 김장 김치,

김이 모락모락 나는 시루떡, 듬성듬성 썬 두부가 가득 놓였어요.

절인 배추와 벌건 김칫소도 빠지지 않았지요.

"김장하는 날은 이렇게 동네잔치를 해야지!"

"자, 모두들 수고 많으셨어요! 어서 맛있게들 드세요!"

아줌마들은 검은콩이 다문다문 들어간 콩밥을 한 공기씩 퍼서 내밀었어요.

"우아, 이거 꿀맛이다. 꿀맛이야!"

마을 사람들 모두가 절인 배춧잎에다 삶은 돼지고기와 김칫소를 넣어서

우걱우걱 먹으며 한마디씩 했어요. 별이도 볼이 미어지도록 배추쌈을

싸 먹으며 엄지손가락을 높이 치켜들었어요.

스무 포기쯤이야 간단하지!

우리 집도 김장을 해요

"엄마, 또 김장하는 거야?"

별이는 엄마가 절여 놓은 배추를 보며 눈이 휘둥그레졌어요.

"응, 우리 집도 김장을 해야지. 엊그제 한 건 마을 사람들이 먹을 거고."

엄마는 절인 배추를 씻으며 말했어요.

그때 대문 안으로 마을 아줌마들이 들어섰어요.

"오늘 김장한다고 했지? 요까짓 스무 포기쯤이야 식은 죽 먹기지!"

꽃분이 아줌마는 절인 배추를 보며 웃었어요.

서로 도와 가며 김장을 해요

"정말 고맙습니다! 이웃분들 덕분에
눈 깜짝할 사이에 김장이 다 끝났어요."
엄마 아빠는 대문까지 따라 나가 인사를 했어요.
"호호, 내일은 호호 아줌마네 김장이라지?"
아줌마들은 손에 손에 별이네 김치 한 봉지씩을 들고
집으로 돌아갔어요.
"엄마, 엄마도 내일 호호 아줌마 댁에 가실 거예요?"
"그럼, 가야지!"
엄마는 다음 날도, 그다음 날도 김장을 하러 다녔어요.
집집마다 김장을 할 때면 모두들 이렇게 모여 품앗이를 한대요.
돌아올 때마다 엄마 손에는 김치 봉지가 들려 있었고요.

김장 품앗이
김장은 한꺼번에 많은 양의 김치를 담가야 하기 때문에 힘이 많이 들어요. 그래서 옛날에는 이웃 사람들이 집집마다 번갈아 가며 모여서 김장을 했어요. 한 사람보다 여럿이 모여 담그면 훨씬 수월했거든요. 우리 동네 철수네가 김장을 한다면 영희네, 하늘이네, 수철이네 등의 어른들이 짬을 내 모여서 했어요. 그리고 영희네 집 김장을 담글 때면 또 모두들 영희네 집에 모였지요. 또는 김장 담그는 날을 정해 마을 사람들이 모두 모여서 담그고 이를 나눠 갖기도 했답니다.

집집마다 김치 맛이 달라요

"유리야, 우리 집에 동네 김치가 다 있어!"
별이가 눈을 동그랗게 뜨고 소리쳤어요.
"우리 집에도! 난 매운 우리 집 김치가 젤 맛있어!"
솔이가 입맛을 다시며 말했어요.
"호호, 난 이뻬 할머니네 김치 먹고 싶다!"
아람이가 입맛을 다시며 웃었어요.
마을 김장이 얼추 끝나자 별이네 식탁에는
여러 집의 김장 김치가 올라왔어요.
"별이야, 우리 밥상이 팔도 김치 박물관이구나! 하하!"
아빠는 가지가지 김치를 보며 흐뭇하게 웃었어요.

겨울이 왔어요

마침내 하얀 눈이 펄펄 내리는 겨울이 되었어요.
땅속에 묻힌 김장독의 뚜껑 위에도 하얀 눈이 소복소복 쌓였어요.
하지만 눈이 내려도 끄떡없어요.
김치는 따뜻한 땅속에서 맛있게 익고 있을 테니까요!

작가의 말

김장하는 날은 잔칫날이에요!

어린 시절, 날씨가 추워지는 11월이면 엄마는 김장 준비를 시작했어요.

별다른 놀거리가 없던 나는 김장하는 날이면 괜히 들떠서 마당과 부엌을 왔다 갔다 했어요. 엄마와 할머니가 수북이 쌓인 배추며 무를 다듬고, 여러 가지 양념이랑 고춧가루를 넣은 김칫소를 만드는 모습은 마치 마술처럼 재미있어 보였거든요. 온 동네 아줌마들이 모여 산더미처럼 쌓인 절인 배추에 양념을 척척 치대는 모습도 신기하기만 했고요.

엄마가 노란 배추 속에다 빨간 김칫소를 얹어 도르르 말아 입안에 쏙 넣어 줄 때면, 매워서 입안이 얼얼했지만 이상하게도 자꾸만 먹고 싶어졌지요. 하지만 무엇보다 가장 신나는 건 김장을 다 마친 뒤 동네 아줌마들과 둘러앉아 밥을 먹을 때였어요. 뜨끈뜨끈한 찌개에, 잘 삶은 돼지고기, 벌겋게 버무린 겉절이에다 김

이 모락모락 나는 쌀밥을 먹으면 정말 꿀맛이었지요!

하지만 요즈음은 김장을 하는 집이 점점 줄어들고 있어요. 백화점이나 시장, 홈쇼핑에서 사 먹는 가정이 많이 늘었거든요. 예전처럼 온 식구가 둘러앉아 여기저기 뻘건 김칫소를 묻히면서 까르르, 호호호 웃으며 김장을 담그면 얼마나 좋을까요?

《김장하는 날은 우리 동네 잔칫날!》을 쓰면서 어린 시절, 행복하고 즐거웠던 모습을 떠올렸어요. 엄마의 엄마, 또 엄마의 엄마로부터 이어져 오는 우리 집만의 맛있는 김장 비법이 사라지지 않도록 말이에요. 그러면 우리의 소중한 김장 문화도 사라지지 않고 오래오래 이어 나갈 테니까요.

늦가을 김장철에 동화 작가 **이규희**

우리나라의 김장 문화를 보존해요

유네스코 인류 무형 문화유산, 김장

김치를 담그고 나누는 문화인 김장은 2013년 유네스코 인류 무형 문화유산으로 등재되었어요. 김장을 단순히 김장을 담그는 행사로 본 것이 아니라 한국의 자연환경부터 한국인의 정체성까지 담고 있는 중요한 문화라고 보았기 때문이에요. 그럼, 김장에는 어떤 의미가 담겨 있는지 알아볼까요?

김장은 가족 간의 정을 키우는 문화예요

사람들은 점점 도시에 모여 살고, 각자 살아가기에 바빠요. 그리고 김치도 마트에서 시장에서 제품으로 사 먹지요. 하지만 아직도 대부분은 가족이나 친지가 집에서 담가 주는 김치를 먹어요. 또한 많은 가정에서 아직도 김장철이 되면 삼삼오오 모여서 김치를 담그지요. 이렇게 김치를 담그고 서로 나누는 공동 작업인 김장은 여전히 우리나라 사람들의 정을 키우는 중요한 문화로 자리 잡고 있답니다.

김장은 서로 함께 나누는 문화예요

겨울을 준비하는 김장은 조상 대대로 내려온 우리나라만의 독특한 문화예요. 특히 김장을 통해 나눔의 정신을 깨닫고 실천해요. 김장철이 되면 함께 모여서 많은 양의 김치를 담그고, 담근 김치를 어려운 이웃과 함께 나누지요. 마을마다 혹은 지역 사회 단체마다 대규모의 김장 행사를 만들면 수많은 사람들이 한데 모여서 김장 김치를 담가요. 그리고 담근 김치를 필요한 사람들에게 나눠 주어요. 이렇게 대규모 행사를 통해 담근 김치를 나누는 풍습은 사람들에게 더욱 끈끈한 유대감을 갖게 한답니다.

김장은 자연의 리듬에 맞추는 독창성을 지녀요

우리나라는 남북으로 길게 이어져 있고, 삼면이 바다에 접해 있어요. 이런 자연환경 덕분에 각 지역에서 나는 특산물이 달라요. 산간 지방에서는 배추나 무를 많이 재배하지만 바닷가에서는 해산물이 많이 나지요. 김장은 이런 특산물이 서로 만나서 생겨난 우리만의 음식이지요. 각 지역의 특산물에 따라 다른 맛을 내는 김치는 자연의 리듬에 맞춰 사는 우리의 독창성을 보여 주는 우수한 사례라고 해요. 김치의 재료와 담그는 방법에 따라 지역마다, 그리고 각 가정마다 다른 김치 맛을 만날 수 있으니까요.

서울김장문화제

2014년에 시작되어 2019년까지 매년 11월 서울시에서 열렸던 문화제예요. 김장 문화에 대한 사람들의 이해를 돕고 체험할 수 있게 해 주었지요. 김치에 관한 전시를 하고 함께 김장을 담그고 나누는 체험 등을 통해 우리 고유의 전통문화인 김장에 대해 잘 알 수 있도록 도와주었답니다.

김치 담그는 법을 알아보아요!

1 재료 준비하기

김장을 하기 위해서는 먼저 재료를 준비해야 해요. 배추는 푸른 겉잎이 붙어 있고 싱싱해 보이는 걸로 골라요! 무는 매끈하고 단단하며 싱싱한 무청이 달려 있는 것으로 고르고요. 쪽파, 양파, 마늘, 생강, 고춧가루, 소금, 액젓 등 양념 재료를 준비해요. 지역에 따라 각 지역 특산물도 함께 준비해 주세요.

2 재료 손질하기

배추의 밑동을 제거하고
2등분 혹은 4등분으로 갈라요.
무는 채를 썰고, 나머지 재료들도 손질을 해요.

3 배추 절이기

배추는 김치를 담그기 하루 전 소금물에 담가
절여요. 너무 짜지 않게 너무 싱겁지 않게요.

4 김칫소 만들기

생새우나 배 등을 갈고 찹쌀 풀도 쑤어 두어요. 그리고 썰어 놓은 무나 미나리 등에 고춧가루, 소금, 액젓 등을 넣은 뒤 갈아서 만든 양념을 부어서 고루 섞어요. 지역별로 준비된 재료가 있다면 이때 함께 넣어 줘요.

5 김치 버무리기

절여 둔 배추에 김칫소를 버무려요. 아래쪽 잎부터 김칫소를 켜켜이 발라 주어요.

6 김치 저장하기

김치를 저장 용기에 담을 때는 양념이 흘러내리지 않도록 가장 겉잎으로 감싼 뒤 배추 안쪽이 위를 향하도록 넣어요. 김치가 발효되며 익는 동안 공기와 접촉되지 않도록 김치를 손으로 꾹 눌러서 담아요. 김치가 발효되면서 가스가 생기므로 가스가 머물 공간을 남겨 두기 위해 용기의 5분의 4 정도까지만 채우세요!

각 지역의 독특한 김치를 만나 보아요!

지역별로 맛도 모양도 다른 김치!

한반도는 북쪽은 춥고 남쪽은 상대적으로 따뜻한 기후를 나타내요. 그리고 삼면이 바다로 둘러싸여 있어서 내륙 지방과 해안 지방이 각각 뚜렷한 지역적 특성을 보이고요. 그래서 사람들은 각 지역의 식재료를 바탕으로 다양한 김치를 만들어 먹었답니다. 그러다 보니 북쪽 지역일수록 기온이 낮아 소금의 간이 약하고 고춧가루도 조금 넣어 덜 매워요. 김치의 국물도 넉넉하지요. 하지만 남쪽 지역은 북쪽 지역에 비해 기온이 높아 변하지 않게 저장하기 위해 소금과 젓갈을 많이 넣어 간이 세고, 고춧가루도 많이 넣어 맵지요. 지역마다 각각 어떤 특징들이 있는지 살펴보아요.

평안도 — 간이 싱겁고 국물이 많아요.
가지김치
고수물김치

함경도 — 젓갈보다는 오징어, 생태 등의 해산물을 넣어요.
가자미식해

황해도 — 기교를 부리지 않아 소박하고 양이 넉넉해요.
보쌈김치

강원도 — 산간 지방과 해안 지방에서 나는 재료를 활용해요.
창난젓깍두기
오징어김치

울릉도
명이김치

서울 — 궁중에서 먹던 김치를 중심으로 발달했어요.
꿩김치

경기도 — 모양이 화려하고 재료가 풍성해요.
나박김치

충청도 — 소박하고 담백하며 깔끔한 맛이에요.

경상도 — 맵고 얼얼하며 간이 짜요.
콩잎김치
부추김치

전라도 — 다양한 젓갈과 고추 양념을 많이 사용해요.
갓김치

제주도 — 양념을 적게 하고 식재료 본연의 맛을 살려요.
유채김치

나박김치
빨갛게 고춧가루로 물들인 개운하고 칼칼한 국물 맛이 일품인 김치예요.

갓김치
갓잎으로 담근 매콤하면서도 갓 특유의 쌉쌀한 맛과 향기가 특징인 김치예요.

창난젓깍두기
무를 깍둑 썰어 고춧가루 양념에 절여 창난젓으로 간을 맞춘 김치예요.

가자미식해
가자미에 좁쌀로 지은 밥을 넣어 담근 별미 김치예요.

꿩김치
꿩 삶은 국물과 김칫국을 넣고 간을 맞춰 건더기와 함께 먹는 김치예요.

호박김치
늙은 호박과 우거지, 열무를 고춧가루와 젓갈에 버무려 담근 김치예요.

콩잎김치
노랗게 단풍 진 콩잎을 모아 소금물에 삭혀 양념을 발라 담근 김치예요.

가지김치
살짝 데친 가지에 고춧가루 양념을 섞어 버무린 김치예요.

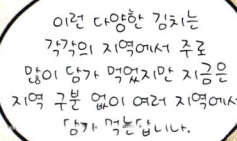

이런 다양한 김치는 각각의 지역에서 주로 많이 담가 먹었지만 지금은 지역 구분 없이 여러 지역에서 담가 먹는답니다.

작가 소개

지은이 이규희

1952년 충남 천안에서 태어나 강원도 태백, 영월에서 어린 시절을 보냈습니다. 성균관대학교 사서교육원을 나와 보성여자고등학교에서 오랫동안 사서 교사로 일하다가 지금은 창작 활동에만 전념하고 있습니다.
1978년 중앙일보사 소년중앙문학상에 동화《연꽃등》이 당선되면서 작품 활동을 시작했습니다. 동화, 그림책, 청소년 소설 등 다양한 분야의 책을 썼으며 이주홍문학상, 세종아동문학상, 한국아동문학상, 어린이문화대상을 비롯하여 여러 상을 받았습니다.
작품으로《신비한 문방구》《악플 전쟁》《어린 임금의 눈물》《난 이제부터 남자다》《왕할머니는 100살》《가을이네 장 담그기》《조지 할아버지의 6·25》《무기 만드는 아이》《내 이름은 독도》《진짜 친구 찾기》《모래시계가 된 위안부 할머니》《유행어보다 재치 있는 우리 100대 속담》 등이 있습니다.

그린이 최정인

서울에서 태어나 홍익대학교에서 판화를 공부했습니다. 어린 시절부터 그림 그리기를 좋아했고, 지금도 변함없이 그림 그릴 때가 가장 행복하다고 말합니다. 동화 속 개구쟁이들의 익살스러운 모습을 특유의 풍부한 표현력과 따뜻한 감성으로 표현해 많은 사랑을 받고 있습니다.
그동안 그린 책으로는《그림 도둑 준모》《바리공주》《반창고 우정》《지우개 따먹기 법칙》《삐딱한 자세가 좋아》《달달 문구점 별별 문구점》《깡이의 꽃밭》《투명 친구 진짜 친구》《미움 일기장》《오 시큰둥이의 학교생활》《고민 있으면 다 말해》 등이 있습니다.